AF330563

CHOSES COLONIALES.

Paris. — Imprimerie et Fonderie de Rignoux, rue Monsieur-le-Prince, 29 *bis*.

CHOSES COLONIALES.

GUADELOUPE.

AOUT 1845.

Par Théodore DREVETON,

Juge de paix à la Pointe-à-Pitre.

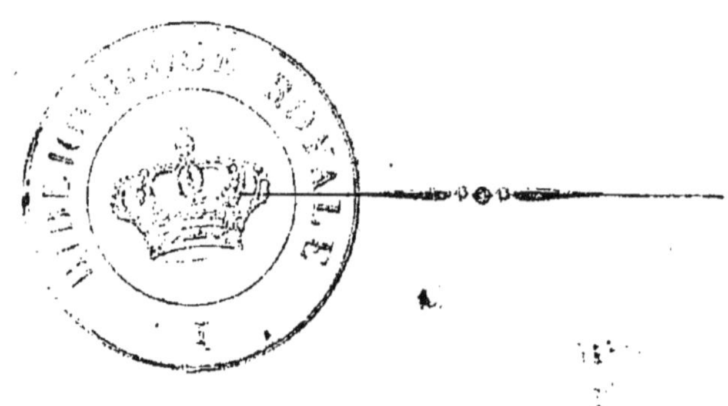

PARIS.

LEDOYEN, LIBRAIRE,

Palais-Royal, galerie d'Orléans, 31.

1846

PRÉFACE.

L'auteur de cet opuscule habite les Antilles depuis vingt-sept ans.

Il a été successivement :

Attaché au cabinet du gouverneur et administrateur de la Martinique ;

Chef des bureaux de l'administration intérieure de cette colonie ;

Secrétaire-archiviste du conseil privé de la même île ;

Et, enfin, juge de paix à la Guadeloupe.

A-t-il convenablement étudié les hommes, les institutions, les choses au milieu desquels il a vécu ?

Y a-t-il un parti quelconque à tirer de cette publication, qu'il livre comme le fruit d'une longue expérience?

Le public en jugera.

TABLE.

———

CONSTITUTION

DE LA

PROPRIÉTÉ FONCIÈRE DANS LES COLONIES.

SES EFFETS;

NÉCESSITÉ DE L'EXPROPRIATION FORCÉE.

Pourquoi, dans une œuvre aussi sérieuse que celle que le gouvernement vient d'entreprendre : l'*Émancipation progressive des esclaves dans les colonies françaises*, n'a-t-on pas commencé par le commencement ?

Dans l'état où la propriété se trouve constituée à la Martinique et à la Guadeloupe, il y a impos-

1

sibilité radicale de réussir dans quoi que ce soit, et surtout dans les mesures progressives par lesquelles l'émancipation des esclaves doit être préparée.

Avant d'examiner en quoi la constitution actuelle de la propriété immobilière aux colonies s'opposera invinciblement à toute amélioration ou changement quelconque, je veux, par plusieurs exemples, faire bien comprendre ce qu'est cette propriété, considérée sous le point de vue purement civil et dans les rapports du détenteur du sol et de ses créanciers.

Un sieur N..., vieillard valétudinaire, possédait à .... une maison fort belle, qu'il louait 4,000 fr. par an à une administration publique. Il était débiteur d'un ami plus âgé que lui, qui, après jugement obtenu, hypothèque prise, le laissait jouir paisiblement de son revenu. Seulement, il réglait et cumulait annuellement les intérêts, et attendait, sans impatience, que la mort de son ami amenât naturellement son remboursement; mais le créancier, contre son attente, précéda le débiteur dans la tombe.

Sa succession offrit un nouvel exemple de ce que sont aux colonies les fortunes des commerçants. Il lui était dû par la campagne près de

3 millions de livres; il en devait environ 700,000 : il mourait insolvable.

Les créanciers du défunt se partagèrent les créances actives; celle de N... échut à une maison de France représentée par B....

B... débuta par une saisie-arrêt entre les mains de l'administrateur, locataire de M. N...

Il faut avoir habité les colonies pour comprendre l'étonnement et la fureur de ce dernier, qu'on *spoliait*, auquel on *ravissait* son bien; il jura de se venger. Voici comment il tint parole.

Il donna congé à l'administration, sa locataire; occupa seul sa grande maison, et, un beau matin, il la fit découvrir. Cette maison, dont les pignons seuls étaient en pierres, ne fut bientôt qu'une ruine.

Il fallait voir la joie du vieillard, qui, se frottant les mains, disait en contemplant son ouvrage : «Ah! le gueusard, il prétend que je n'emporte-«rai pas ma propriété dans l'autre monde, et qu'il «l'aura tôt ou tard; qu'il vienne la prendre!»

Et B..., consterné, a vu opérer cette destruction sans pouvoir s'y opposer. L'autre jouissait de sa propriété; la non-expropriation forcée le rendait inexpugnable.

Voilà pour les propriétés des villes.

Voici pour celles de la campagne.

Un propriétaire devait beaucoup, et malheureusement à un grand nombre de créanciers. On le fatiguait de saisies, et, chaque année, une partie de sa récolte payait les frais de justice sans diminuer ses dettes. Il résolut de combattre la loi par la loi, et de chercher sous son abri même le repos qu'elle devait lui enlever. Il s'entendit avec un créancier. Des poursuites, en apparence acharnées, amenèrent une saisie-brandon de sa récolte sur pied; les cannes furent vendues judiciairement et adjugées pour 2,700 fr. Or, il y avait de quoi faire 240 barriques de sucre.

Il faut savoir qu'on ne trouverait jamais aux colonies un propriétaire disposé à prêter son usine pour fabriquer les cannes saisies sur son voisin : aussi, la saisie-brandon, que le législateur a conservée aux colonies, est-elle toute favorable au débiteur. En effet, un créancier qui, poussé par la mauvaise humeur, achèterait, en désespoir de cause, les cannes brandonnées se plongerait dans un inextricable embarras. Il ne lui serait pas loisible de laisser la récolte pourrir sur pied; il lui faudrait couper les cannes et les emporter, sous peine de dommages-intérêts considérables; car on lui compterait les rejetons qu'il aurait empêchés, les plantations nouvelles rendues impossibles par ses vieilles cannes, etc. etc. Il en résulterait évidemment sa ruine.

La vente s'effectua donc sans concurrence sérieuse. Le compère fit la récolte dans l'usine du saisi, qui lui prêta en outre serviablement ses esclaves et ses bestiaux.

Au moyen des 2,700 fr. jetés aux gens de justice, qui les absorbèrent en frais de production à la contribution, le débiteur se rit du mécontentement de ses créanciers désappointés, et, à l'abri de toute atteinte, se gaudit de la loi qu'il avait si adroitement et si facilement rendue favorable à sa dette.

La loi offre un autre moyen plus facile et moins dispendieux de frustrer ses créanciers.

Le législateur, par la plus étrange distraction, en suspendant le titre 19 du Code civil et le titre corrélatif du Code de procédure civile (titre 12), semble n'avoir pas songé qu'une foule de dispositions du Code ont des relations si intimes, des conséquences si directes avec l'expropriation forcée, que, sans cette dernière, elles consacrent les plus iniques spoliations.

Le chapitre II, titre 17 du Code civil, établit l'antichrèse.

L'antichrèse est le nantissement donné à un créancier d'une chose immobilière; elle transfère le droit de percevoir les produits jusqu'à payement d'une somme déterminée. En France, l'article 2091 de ce même chapitre réserve les droits des tiers, qui, malgré l'antichrèse, ou plutôt parce qu'elle froissait leurs intérêts, ont le droit de faire procéder à l'expropriation forcée; l'antichrèse tombe alors naturellement.

Ici, on a conservé le titre entier de l'antichrèse, et ce moyen est fréquemment employé. Si les créanciers dépouillés, même du droit de s'attaquer aux fruits qui appartiennent à l'antichrésiste, se plaignaient, on leur répondrait qu'ils n'ont qu'à user du bénéfice de l'article 2091; or, toute action de cette nature leur étant refusée, puisque le titre 19 est suspendu, ils sont complétement désarmés.

Voici un quatrième exemple, plus caractéristique encore que les précédents.

Un propriétaire doit beaucoup, mais aucune dette de bailleur de fonds n'existe contre lui; le déguerpissement même, ce moyen presque impossible, ne pouvant l'atteindre, ses créanciers hypothécaires en sont réduits à attendre qu'un événement extraordinaire, pour ne pas dire irréalisable, puisse un jour les désintéresser.

Or, ce propriétaire, possesseur d'une sucrerie où il fait 120 barriques de sucre, vend un jour à un créancier postérieurement inscrit tous ses esclaves portés sur la feuille de dénombrement, bien qu'elle constate que ces esclaves sont immeubles par destination, et conséquemment frappés d'hypothèque (2118, C. civ.). Il change ainsi, et par sa propre volonté, le gage de ses créanciers, et fait d'une riche usine une terre et des bâtiments sans valeur.

Le premier créancier, auquel il est dû 220,000 fr., attaque cette vente; survient en 1833 un jugement du tribunal du Fort-Royal, ainsi conçu :

«Attendu que les esclaves ne font pas partie «d'une habitation, qu'ils n'y sont que fictivement «et accidentellement attachés; que, quelque gre-«vée que soit la propriété dont ils dépendent, le «maître a toujours le droit de les rendre à leur «nature de meubles et de les vendre séparément «du fonds;

«Que l'hypothèque ne les atteint pas, car elle «n'est qu'une espérance; qu'elle ne produira d'ef-«fet que s'ils sont vendus avec le fonds, mais «qu'ils y échappent par la vente séparée.»

Cette doctrine est confirmée par arrêt de la

cour royale de la Martinique du 10 août 1835 ; et, sur pourvoi, la Cour de cassation rejette (17 juillet 1838).

Ainsi, après avoir échappé tant qu'il l'a voulu à la saisie des fruits, un propriétaire, aux colonies, peut enlever tous les accessoires de sa propriété, lesquels sont, suivant l'expression de l'édit sur les déguerpissements, *la principale partie desdites propriétés,* et ne laisser à ses créanciers, trompés par les fausses sécurités de l'hypothèque, qu'un sol sans valeur et des bâtiments qui vont devenir des ruines.

Dans l'exemple que je cite, l'habitation dépeuplée fut vendue **27,000** fr. : c'était un peu moins que son revenu annuel.

Il convient d'ajouter un dernier coup de pinceau pour compléter ce tableau.

Ce que ne peut faire le créancier, le débiteur le pratique à son heure. Il fait de l'expropriation forcée, mais à son profit. Les scandales du blanchissage sont trop connus pour être rappelés.

Voilà la situation qui est défendue à outrance par les conseils coloniaux ; et c'est précisément cette constitution vicieuse qu'invoquait un des plus remarquables membres de l'assemblée politique de la Martinique, lorsque, repoussant l'expropriation forcée , il disait fort logiquement :

« Ce serait à l'égard du possesseur actuel une
« grande injustice, puisqu'elle dénaturerait la po-
« sition qu'il s'est faite en achetant; car, s'il a payé
« aussi cher sa propriété, c'est qu'il savait que sous
« le régime actuel il pourrait ne pas la payer. »

Mais, observera-t-on, comment avec de sembla-
bles lois une transaction quelconque a-t-elle été
possible aux colonies ? C'est, et il faut le dire
haut, à leur gloire, c'est que les créoles ont op-
posé le palliatif de leur caractère aux infirmités
de leurs lois.

Enfin, le gouvernement a compris que cet état
de choses n'était plus tolérable : il a proposé une
loi qui, votée au Luxembourg en 1842, attend
depuis cette époque qu'on en fasse l'objet d'un
rapport à la Chambre des députés.

Voyons maintenant comment la constitution
actuelle de la propriété coloniale vicie tout, comment elle est un obstacle à tout.

CONSEILS COLONIAUX.

Le cens, pour être éligible au conseil colonial, se prend sur des données de propriété ou de payement d'impôt : le propriétaire d'une habitation sucrerie, quelque grevée qu'elle soit, est éligible au conseil colonial.

Depuis plusieurs années, tout propriétaire qui a liquidé son bien s'empresse de s'éloigner; il va en France jouir de ses revenus, et laisse la conduite de sa propriété à un géreur.

Je ne veux pas m'arrêter ici sur l'énorme différence qu'il y a pour des esclaves à être conduits paternellement par un homme dont ils ont fait la fortune, et qui a vécu longtemps au milieu d'eux, ou à être dirigés par un géreur qui veut faire sa réputation de grand producteur. C'est là une thèse toute d'humanité, et je ne m'occupe ici que des intérêts matériels.

Si les propriétaires sérieux, les vrais possesseurs de la valeur de la propriété exploitée, s'éloignent tous, il ne restera plus évidemment que ceux qui ne peuvent suivre leur exemple, c'est-à-dire *ceux qui doivent*. D'un autre côté, comme pour faire partie du conseil, il faut y siéger, être conséquemment présent dans le pays, il s'ensuit que le conseil ne se compose en majeure partie que de propriétaires obérés. C'est par le même motif qu'on y a fait entrer des patentés, négociants ou hommes de loi, qui, par leur industrie, dépendent des habitants, adoptent ou n'osent combattre leurs opinions, épousent leurs intérêts.

Or, que représente le conseil colonial ainsi composé?

Évidemment la propriété dans son état normal : la propriété grevée, la propriété en hostilité contre la loi civile qui la constitue et la régit.

De là, logiquement, les opinions des conseils coloniaux sur la nécessité de la conservation de la situation actuelle de la propriété; leur opposition à l'expropriation forcée et généralement à toutes les questions qui se rattachent à celle de la propriété.

L'absence des riches propriétaires a une fâcheuse conséquence sur la composition des conseils coloniaux : le choix des électeurs, qui naturellement se porterait sur eux, n'agit plus que sur un nombre fort restreint d'individus ayant la capacité et le loisir. Encore, n'est-ce qu'à force de supplications qu'ils ont quelquefois consenti à accepter le mandat qui leur était offert. Il s'ensuit que les législatures, en se renouvelant, rappellent toujours les mêmes hommes, et que leur composition est fatalement obligatoire. Les dissolutions ne peuvent amener aucun changement; on aura toujours les mêmes membres, probablement toujours les mêmes tendances.

RACHAT FORCÉ DES ESCLAVES.

(LOI DU 19 JUILLET 1845.)

C'est ici que la constitution de la propriété vicie complétement la loi qui vient d'être votée par les Chambres.

Je suppose que, après la promulgation de loi, un ou plusieurs des nègres d'une propriété rurale se rachètent, que deviendra le prix de ces esclaves?

La loi dit, art. 5, « qu'il sera pourvu à la con-« servation des droits des tiers intéressés dans le « prix des esclaves?»

Cela veut-il dire que ce prix sera partagé aux tiers? Mais, d'abord, comment? Sera-ce comme prix immobilier ou mobilier? Les priviléges légaux seront-ils observés? Dans l'un ou l'autre cas, ce serait une iniquité. Les créanciers n'auraient pas pu s'approprier les esclaves ; ils ne doivent pas avoir plus de droit sur leur prix. La loi aurait dû dire, pour être juste, que l'emploi serait fait de ce prix soit en d'autres esclaves, soit en bestiaux ou instruments aratoires, soit enfin en dépense productive sur la propriété, qui, ainsi, n'ayant pas diminué de valeur, resterait intacte comme gage des créanciers. D'ailleurs, soit distribution, soit ordre, l'une ou l'autre mesure entraînerait des frais de procédure qui absorberaient le prix de l'esclave racheté.

Si, par une meilleure organisation du travail, l'esclave est amené, chose éminemment désirable, à se livrer, pour son compte, à la culture de la canne à sucre, comment son travail, réalisé dans la purgerie de son maître, échappera-t-il à la saisie que viendrait en opérer l'huissier, en vertu d'un titre exécutoire contre le propriétaire? Où est la nouvelle disposition légale qui admettra la preuve si formellement interdite par l'art. 1341 du Code civil? L'esclave sera donc dépouillé, et le germe de sa civilisation future étouffé à jamais (1).

____

(1) Voici ce qui vient d'avoir lieu au moment même où j'écris.

Le dimanche 17 août 1845, on a vendu, par voie d'exécu-

Comment garantir les intérêts du nègre lorsqu'ils se trouveront liés à une partie des intérêts
du maître? Ou ceux de l'esclave seront sacrifiés,
ce qui serait un malheur; ou ils serviront à abri-
ter ceux des maîtres, ce qui serait une injustice.

Supposons que l'époque soit arrivée où l'abolition de l'esclavage sera prononcée, et où l'indemnité incontestée sera payée aux maîtres, suivant
le système de M. le Duc de Broglie.

C'est ici que la constitution de la propriété se
dressera comme le plus grand de tous les obstacles.

Ce grand acte de la cessation de l'esclavage
devra-t-il s'opérer sous l'empire d'une législation
spéciale *ad hoc*, ou le laissera-t-on en quelques-
unes de ses parties se régler par les dispositions
préexistantes du Code civil? La solution de cette
question est de la plus grande importance; je vais
le démontrer.

Nul ne contestera que les changements radi-
caux, surtout ceux de ce genre, ne soient suivis
d'une grande perturbation. L'art du législateur

---

tion, sur le marché du bourg de Saint-François, des vaches
saisies sur l'habitation de M. B.... Parmi ces vaches, plusieurs
appartenaient à des esclaves de l'habitation; rien n'a pu les
soustraire à l'action de l'huissier. *

consistera non à l'éviter, ce qui est impossible, mais à en atténuer les effets. Dans l'espèce (et en supposant que le système que je crois praticable (1) ne soit qu'une utopie), le mode de travail qui sera substitué au mode de travail actuel ne saurait être que celui du salaire, soit quotidien, soit pour une quantité déterminée de travail, autrement dit par tâche. Dans l'un ou l'autre cas, il faudra au détenteur du sol un fonds de roulement, car il ne serait pas possible qu'il ajournât les salaires à l'époque de la récolte et de la vente des produits.

Or, si l'habitation est détenue par un propriétaire obéré, inévitablement l'indemnité sera saisie par les créanciers, et il se trouvera en face des difficultés du moment sans le seul moyen de les surmonter. Privé d'argent, il verra infailliblement son atelier se disperser et sa propriété périr.

L'argent qu'aura donné l'État aura servi à éteindre quelques dettes du passé, et, contrairement à la portée politique que doit se proposer le gouvernement, il n'aura pas servi à fonder la prospérité future.

----

(1) Voir à la page 37 mon système d'organisation du travail.

Voilà où nous mènera certainement l'émancipation régie par les dispositions du Code civil sur les rapports du créancier et du débiteur. Le législateur se laissera-t-il aller à une déplorable déférence pour un ordre légal dont l'épreuve anglaise a fait ressortir les monstrueux résultats ? Ne prescrira-t-il pas un système complet de dispositions spéciales à cette immense palingénésie, dût-il froisser la miopie des légistes de murs mitoyens ? Ne verra-t-il pas ce qu'il y aurait de désastreux à appauvrir le trésor national d'une somme énorme pour arriver à détruire une partie de la richesse publique ? Certes, aucune voix ne s'élèvera dans nos Chambres pour combattre un projet qui préviendrait la destruction de la propriété coloniale par l'émancipation.

Avec la constitution actuelle de la propriété, voici ce qui arrivera. Le propriétaire se cramponnera au sol, qui est sa seule ressource, dût-il être privé de l'indemnité ; il ne se dissimulera pas que sa ruine en sera la conséquence, mais par mille petits moyens il végétera. Que lui importera la ruine de la propriété ? Elle n'est sienne que fictivement ; pour peu qu'il lui en reste, ce sera autant de gagné.

Il faut donc, d'abord, promulguer l'expropriation

forcée, mais la rendre possible en la dégageant des difficultés inextricables du Code de procédure, et en la ramenant aux formes si simples employées dans les colonies anglaises dites de la Couronne ; et, comme il importe à la fortune publique que l'indemnité soit un moyen de fonder la prospérité future en aidant à sortir des embarras du présent, il faut énoncer catégoriquement que l'*indemnité sera insaisissable,* comme le sont les esclaves. Il arrivera inévitablement que les créanciers exproprieront forcément, et que le sol, au moment de la grande mesure, sera entre les mains de ses vrais propriétaires.

Je sais bien qu'on a parlé d'intérêts privés froissés, de créanciers frustrés. Certainement, je voudrais que cela pût être évité ; mais est-ce possible ? Lorsque l'ouragan soufflant sur Marseille y causa des dégâts, mais emporta la peste, a-t-on songé à reprocher à la Providence les quelques blessures qu'ont occasionnées, dans les rues, les tuiles détachées par le vent ?

Je recommande aux méditations des arbitres des destinées coloniales cet aperçu sur la question de l'indemnité dans ses rapports avec la dette ancienne et avec le travail salarié.

ABOLITION

DE

L'ESCLAVAGE DES NOIRS.

Je crois avoir démontré jusqu'à la dernière évidence qu'aucun changement ne pourrait être utilement opéré dans la condition des esclaves tant qu'une législation spéciale n'aura pas fait cesser la situation anormale de la propriété aux colonies. Je n'aborde donc le difficile problème de l'émancipation qu'avec cette condition première, et *sine quâ non*, que le sol sera affranchi des immunités monstrueuses accordées à la dette, et qu'il se trouvera placé, ainsi que les esclaves qui l'exploitent, entre les mains des véritables propriétaires.

Depuis longtemps, j'étudie spécialement deux questions qui, à bien prendre, n'en font qu'une, et qui, réunies, forment le problème d'une bonne émancipation des esclaves :

1° Comment préparer les esclaves de manière à les rendre dignes de la liberté, en ce sens que celle qui leur serait donnée ne causerait pas la ruine des anciens propriétaires et la destruction des relations commerciales de la France avec ses colonies ?

2° Comment effectuer l'affranchissement des esclaves ?

En mai 1838, après la prise en considération par la Chambre des députés de la proposition de M. Passy, j'écrivis le mémoire qui va suivre, et qui résout, il me semble, autant que possible la première question (1).

A Dieu ne plaise qu'on me prête l'intention de

----

(1) Je dois expliquer ici pourquoi je n'ai pas depuis long-temps donné à cet opuscule la publicité à laquelle j'ai été fréquemment convié.

Créole, marié à une Créole, ayant à la Martinique des liens de parenté, d'affection, d'intérêts, je ne pouvais m'isoler, rompre avec tous en contrariant la défense adoptée par les organes légaux du pays. J'ai dû faire le sacrifice de mes vues particulières, et je me suis tû.

blâmer la résistance que les conseils coloniaux ont opposée à l'entraînement fougueux, alors, des abolitionnistes!

Cette résistance a provoqué un examen approfondi de la question; et si les colons continuent encore leur opposition, c'est qu'ils ne voient dans la marche du gouvernement rien qui soit de nature à diminuer les craintes qu'ils ont préconçues, et qu'ils n'ont pas confiance dans ses mesures ni dans ses projets. Cependant, les choses ont changé. La loi du 19 juillet 1845 et plus encore les principes posés et admis dans les Chambres, et auxquels le gouvernement a déclaré souscrire, ont établi une ligne de démarcation entre le passé et l'avenir. Il importe donc aujourd'hui de renoncer au système de négation absolue suivi jusqu'à ce moment. Il faut que les enseignements se fassent jour et arrivent au pouvoir, aux législateurs, aux colons; il faut surtout que ceux-ci acceptent les démonstrations, et aident la mise en pratique; il faut enfin qu'ils avancent sous peine de périr, car le *statu quo* n'est plus possible. Mon vieil ouvrage devient donc une actualité. Je l'ai revu, et je n'y ai pas trouvé une seule de mes propositions à changer ou à modifier. Le voici tel qu'il a été écrit.

MAI 1838.

QUESTIONS.

Est-il démontré que le travail régulier ne puisse être obtenu dans les colonies que par l'esclavage ?

Quels seraient les moyens à employer pour attirer les nègres au travail régulier, alors qu'on ne pourra plus les y contraindre ?

> Tout acte philanthropique est hors des voies de la nature s'il conduit au déclin de l'industrie.
>
> (Ch. FOURIER.)

On ne saurait se refuser à reconnaître aujourd'hui, et la prise en considération par la Chambre des députés de la proposition Passy suffirait pour dissiper tous les doutes à cet égard, qu'en principe l'esclavage est condamné, et que l'émancipation des esclaves n'est plus désormais qu'une question non de temps, mais de moyens.

Puisqu'ainsi les colonies françaises sont arrivées à une époque voisine de celle où de grands changements devront s'opérer dans le système colonial, il est opportun d'examiner quels sont les matériaux de l'ordre ancien qui pourront concourir aux édifications nouvelles, en d'autres termes, quels sont les moyens à employer pour transformer ce qui *est* en ce qui *sera*.

La France, en voulant se racheter de sa participation à l'esclavage, et en effacer les traces partout où se projette l'ombre de son drapeau, se propose pour but une œuvre politique et humanitaire : elle veut que cette œuvre tourne au profit de la civilisation. Dans cette pensée, il ne doit pas suffire que les nègres soient libres. Il faut que cette liberté soit pour eux le bonheur, non tel que l'entendrait une horde vagabonde, mettant la dignité personnelle dans une indépendance sauvage, incapable de se courber sous une volonté dirigeante, et ne pouvant arriver à cette félicité de la sauvagerie que par la disparition de la classe blanche qui ne saurait, abdiquant son passé, adopter un pareil avenir; mais le bonheur tel que l'entend la génération présente, je veux dire : le bonheur ayant pour bases le bien-être par le travail et la liberté subordonnée aux conditions du bon ordre.

La France veut donc relever les noirs de l'esclavage sans perdre les précieux restes des colonies qu'elle n'a fondées qu'avec tant d'efforts, et pour lesquelles elle va s'imposer de nouveaux sacrifices, afin de les constituer en sociétés normales d'après les idées devenues les besoins et les exigences de l'époque.

Quiconque persiste à vouloir considérer l'abolition de l'esclavage comme devant amener nécessairement la cessation du travail aux colonies, et conséquemment leur ruine, insulte ou flétrit la France, suivant que les moyens qu'elle adoptera conduiront au bien qu'elle se propose ou au mal qu'elle n'aura pas su éviter.

Il ne m'est pas donné de prévoir ce que fera le pouvoir ; mais vingt-deux ans de séjour dans une colonie à esclaves, une étude constante de la matière, un voyage fait spécialement à Sainte-Lucie pour y apprécier les effets de l'apprentissage anglais, m'ont convaincu que l'action des maîtres sera déterminante sur le résultat final. Dirigée par une volonté intelligente, cette action pourra suppléer, dans tous les cas, à ce qu'auraient d'insuffisant les mesures du gouvernement. Que si, au contraire, elle n'est que la conséquence d'une résistance obstinée, elle suffira pour vicier les dispositions les plus sages et les plus efficaces.

C'est donc par les maîtres qu'il faudra commencer les enseignements qui devront descendre à l'esclavage.

Il arrivera probablement que, jusqu'au moment où des lois prescriront des mesures nouvelles d'administration et de discipline, chacun continuera le passé sans songer que les modifications à l'ordre actuel, qui ne pourront être que graduelles lorsqu'elles auront été ordonnées par le gouvernement, ne satisferont jamais l'esclave. Loin de tenir compte à son maître de l'allégement de ses frères, il sera toujours prêt à se faire une arme de ce qui lui restera de ce passé, parce que rien ne lui ôtera la conviction que c'est par le fait et à cause de son maître qu'il lui en reste encore.

Il serait donc vivement désirable que les colons entrassent eux-mêmes dans la voie des améliorations progressives, alors que, rien ne les y contraignant, chaque adoucissement sera de leur part un bienfait. Il y aurait même habileté de leur part à suivre cette marche, car, leur autorité subsistant encore tout entière, ils ne procéderaient qu'autant qu'ils le voudraient à l'accomplissement de la transformation sociale ; et, dans le cas où un essai serait infructueux, ils pourraient reculer sans danger, parce qu'ils rentreraient toujours dans leur droit qui ne saurait être contesté.

Si, au contraire, on attend les injonctions de la France, et si elle vient à se tromper, qui peut prévoir le mal qui en sera la conséquence, et quel remède pourra-t-on y apporter? Comment ressaisir une imprudente concession? L'espace manquerait pour la retraite.

Malgré les dénégations formelles des adversaires de l'émancipation, est-il absolument vrai que le travail ne soit point possible aux colonies sans l'esclavage? Pour résoudre, comme ils le font, cette question avec un ton qui n'admet pas la réplique, on a sans doute l'autorité de l'expérience. Des tentatives ont-elles donc été faites, et l'intelligence, agissant dans la force et dans la paix, a donc vu s'évanouir, l'une après l'autre, toutes ses méthodes dans leur application? A cela ils répondent : les exemples sont Saint-Domingue et les autres colonies sous les lois de la Convention; l'expérience a démontré que la liberté des noirs n'a enfanté que l'incendie et les massacres, et n'a laissé après que des ruines.

Et, sans faire de différence entre les époques et les moyens d'exécution, on juge de l'avenir par un passé qui n'a de commun avec lui que le lieu de la scène! Mais tout a changé, excepté cela, même les noirs, qui alors provenaient d'importation récente, et avaient encore leur barbarie native.

La vérité est que, au moment où la liberté leur fut jetée sans préparation, ils avaient déjà les armes à la main. Leurs maîtres les avaient appelés à servir leurs querelles soit contre les gens de couleur, soit entre eux-mêmes, alors que, divisés en patriotes et aristocrates, ils se faisaient une guerre de cannibales. Or, c'est au milieu de ce chaos que l'œuvre immense de l'affranchissement des esclaves fut révolutionnairement entreprise. Et, parce qu'elle n'a pas réussi, parce que le temps, plus encore peut-être que les moyens, lui a manqué, on vient poser comme un fait incontestablement démontré que le nègre n'est pas fait pour la liberté, en ce sens qu'il se refusera à la civilisation européenne, incapable qu'il est de se soumettre à l'ordre et au travail sur lesquels elle se fonde ! Je ne puis admettre cela pour une démonstration ; et si, dans une question aussi grave, on devait en appeler à l'autorité des faits, je dirais hardiment que ceux qu'on invoque ne sont point applicables, et que la question reste toute spéculative, puisque l'autorité d'une expérience convenablement faite lui manque.

Mais, me dira-t-on, la grande mesure adoptée par les Anglais, loin d'avoir produit le bien que ses auteurs avaient annoncé, laisse douter si, à la Jamaïque par exemple, il sera possible d'avoir un travail régulier après l'époque où le nègre sera complétement libéré.

Est-ce donc entièrement la faute du nègre ?

L'état, incontestablement fâcheux, puisqu'il est incertain, des colonies anglaises a trois causes bien distinctes :

1° Les fautes ou imprévoyances du gouvernement ;

2° L'incapacité ou le mauvais vouloir des maîtres ;

3° La nature du nègre.

Le parlement, après avoir racheté l'esclavage, jugea que le passage d'une soumission sans limite à une liberté sans frein devait être une cause de perturbation ; et, pour ménager la transition, il institua l'apprentissage. Certes, rien n'était plus sage et plus prudent en principe ; l'application a tout gâté.

L'apprentissage désignait assez, par son nom même, que l'esclave allait recevoir une initiation ; qu'on allait s'occuper à lui apprendre la liberté, en lui en faisant connaître les charges et goûter les douceurs. Certes, on ne pouvait penser qu'un homme de quarante ans qui, depuis vingt-deux ans, fouille, plante, sarcle, épaille, coupe et cuit des cannes eût encore besoin d'un apprentissage de sept ans pour cet emploi de toute sa vie. L'apprentissage n'était donc pas matériel, mais moral et initiateur. Or, le bill n'a rien prévu, rien ordonné qui ait pour objet la moralité et l'initiation dans le travail. Il a fixé des heures de labeur, tandis qu'il aurait dû prescrire que, dans chaque localité, on fixât une tâche déterminée, afin d'inciter le nègre à l'expédier plus promptement, en vue de gagner du temps dont il pût profiter. Loin de là, le bill a laissé la liberté d'action aux maîtres, qui ne comprennent l'apprentissage que comme complément de l'indemnité; et, sans s'inquiéter de l'avenir, sans savoir que la difficulté restera entière à l'époque de la cessation de l'apprentissage, ils continuent le passé autant qu'ils le peuvent, de telle sorte que l'apprenti sortira de leurs mains aussi brut que l'aurait été l'esclave.

Et, cependant, comment se fait-il qu'au milieu de cette confusion générale on rencontre dans toutes les colonies, comme des oasis au milieu des sables, quelques habitations où tout prospère; où le nègre est heureux, le maître content; où les positions relatives de propriétaire et de journalier sont bien comprises; où l'un dirige

sans opposition et où l'autre obéit sans mur-
mures? Les nègres sont-ils sur ces plantations
d'une autre nature que celle des apprentis des
habitations voisines? Nullement : les maîtres
seuls diffèrent. Les uns n'ont connu que le passé
et ne conçoivent rien au delà; les autres (M. John
Innès, dans son rapport à lord Glenelg, dit que
ce sont des Européens récemment arrivés) se
sont soustraits aux vieux préjugés. Obéissant à
une nécessité nouvelle, ils ont appelé les con-
jectures de l'intelligence à la place des procédés
anciens dont l'emploi ne sera plus praticable; et,
à la honte de leurs aveugles et obstinés voisins,
ils ont rendu propres à la liberté les hommes
qu'une heureuse destinée a placés dans leurs habiles mains, et qui, s'ils avaient été, comme les
autres, laissés à leur nature viciée, seraient encore ce que seront toujours les esclaves.

Aujourd'hui, à la Martinique, les esclaves, sur
la plupart des habitations, et particulièrement
sur les plus considérables, sont matériellement
bien. La nourriture, le vêtement, le logement,
les soins en cas de maladie, en un mot : rien de ce
qui tient à la satisfaction des besoins physiques
ne leur manque; et, grâce à l'insouciance qui est
pour l'esclave ce que l'espérance est pour le

libre, leur existence n'est pas toujours sans bonheur.

On ne saurait se le dissimuler cependant; cet état tolérable de l'esclave, dont j'attribue la cause à son insouciance, ne satisfait plus ses désirs que d'une manière incomplète. Des idées de liberté ont germé chez le nègre, et tout ce qui jusqu'ici lui avait suffi : sa case, son jardin, sa femme, ses enfants, sa mère, a perdu l'ancien prestige; ces éléments de son bien-être n'ont plus la puissance de le fixer; son œil se dirige ardemment vers les côtes voisines où il tend à atteindre. Quelle magie a donc pour lui le sol étranger qu'il n'abordera qu'au péril de sa vie, où il arrivera nu, sans parents, sans amis, sans autre ressource que ses bras? quelle fascination irrésistible l'y attire? la liberté!

Et c'est cet homme aux idées nouvelles qu'on prétendrait conduire comme on a fait des Africains, ses ancêtres, alors que, débarqués bruts, ils ont servi à fonder les habitations! Cela n'est plus possible.

Il faut absolument rendre à la terre natale l'attrait puissant du bien-être et de la liberté qui y attachent, et sans lesquels elle n'est jamais la patrie, sinon l'évasion produira des résultats aussi déplorables que l'émancipation (1).

Oui, me répond-on, mais avec l'émancipation on n'échappera pas·à la ruine, parce que le nègre abhorre le travail, et se complaît dans l'oisiveté que favorisent le climat et la fécondité du sol.

Est-il donc vrai que le nègre se refusera au travail? Sur quoi base-t-on cette croyance générale? Est-ce parce que, sauf de rares exceptions, on ne voit que des esclaves occupés du travail

---

(1) L'évasion des esclaves de la Martinique vers les colonies de Sainte-Lucie et de la Dominique a eu un moment un caractère alarmant, et a provoqué des mesures de répression, sans lesquelles les pertes pour les plantations auraient été incalculables.

Je veux citer quelques cas d'évasion; ils sont caractéristiques.

De l'habitation de madame veuve Caritan, à Sainte-Anne, part une grande pirogue qui emporte une famille de quatorze individus; dans ce nombre sont des femmes, des enfants à la mamelle, et l'aïeule, qui, depuis plusieurs années, vivait dans un fauteuil.

Une évasion a lieu du Vauclin, habitation Meynard. Une quinzaine de nègres africains forment le complot de fuir à Sainte-Lucie. Ils préparent l'eau et les vivres; ils doivent se servir d'une petite gabarre qui porte les sucres à bord du

de la terre? Mais ceci est tout naturel ; le contraire tiendrait du miracle. L'esclavage a rendu le sol infâme, et l'un des priviléges de la liberté est de ne le point humecter de ses sueurs. Comment donc s'étonner que le nègre n'aime pas un travail régulier, incessant, qui n'a pour lui ni dédommagement ni attrait? Que l'habitation de son maître aille bien ou mal, que lui importe? où est son intérêt? Si la récolte est plus abondante, je vois distinctement l'augmentation de son travail, mais je n'aperçois point dans quel rapport son bien-être a augmenté. Avouons-le : se courber

---

caboteur. Le samedi soir, au moment de s'embarquer, un caboteur entre dans la baie du Sans-Souci. Les nègres comprennent que, leur absence signalée, la goëlette sera envoyée à leur poursuite, et leur lourde embarcation ne leur laisse aucun espoir de lui échapper. Différer le départ c'est s'exposer à la délation ; il deviendrait impossible. Ils s'embarquent, tournent une pointe, entrent dans une petite baie, coulent la gabarre, et se cachent dans les cannes. Le lendemain matin, ils suivent des yeux la goëlette qui se dirige vers Sainte-Lucie. Le soir, elle rentre. Elle avait fouillé le canal, pris des informations sur la côte de l'île anglaise : elle affirmait que la gabarre avait dû périr, la nuit ayant été mauvaise. Le soir, les fugitifs relèvent la gabarre ; ils s'embarquent, et, trois jours après, atteignent la côte de Sainte-Lucie. Marins français qui vous êtes échappés des pontons

incessamment sous un travail sans salaire, rester étranger à une plus grande abondance qu'on a créée, est une situation qui ne peut satisfaire un être doué d'une parcelle d'intelligence ; aussi, ne doit-on pas s'étonner que le nègre, qui n'a connu le travail que dans cette condition, non-seulement ne l'aime pas, mais encore qu'il cherche à s'y soustraire.

Efforçons-nous donc de sortir de l'ornière, et tâchons de rendre les nègres amis du travail. Le moyen m'en paraît *possible ;* je craindrais de heurter trop violemment si je disais *facile.*

---

anglais, aviez-vous plus d'intelligence et de résolution que ces esclaves africains ?

Le gouverneur faisait une tournée pour l'établissement des postes de surveillance contre l'évasion ; sa goëlette et celle de la douane étaient mouillées dans la baie du Marin. Vingt nègres de l'habitation de M. de Felet, chez lequel logeait le gouverneur, s'emparent d'une grande pirogue, passent devant les bâtiments de l'État, et par leur désertion portent à l'habitation de leur maître une atteinte dont elle se ressentira toujours.

J'ai vu les boîtes dans lesquelles des esclaves ont atteint Sainte-Lucie. Quelle résolution ! quel mépris de la vie il a fallu pour entreprendre une pareille aventure ! — Au moment où j'écris, vingt-cinq esclaves viennent de fuir de Sainte-Rose, malgré la présence d'un bâtiment stationnaire.

Si j'étais maître d'une habitation, voici comment je procéderais. Je me garderais bien d'énoncer le but que je me proposerais, afin de me réserver la faculté d'agir avec lenteur et maturité; mais j'y tendrais constamment, sans me laisser décourager par des difficultés que j'aurais prévues; et j'ai confiance que Dieu, si facile aux hommes de bonne volonté, bénirait mes efforts.

Mon thème se formulerait ainsi : conserver au moins mes revenus au taux où ils sont aujourd'hui avec le régime actuel; accroître le bien-être de mes nègres en les intéressant au mien par la participation; faire en sorte que mes esclaves, rendus libres par l'émancipation et s'attachant à mon habitation, comme le Suisse à ses montagnes, n'aillent pas chercher ailleurs une condition meilleure.

Voyons les moyens.

Premier point. — Conserver la masse actuelle du travail tout en augmentant le bien-être de mes esclaves, en d'autres termes en leur donnant plus de temps à employer à leur profit.

A la Martinique, sur une sucrerie, la durée du travail de l'esclave est celle du lever au coucher du soleil, déduction faite de la demi-heure ou de l'heure du déjeuner, et des deux heures du midi. Pendant le temps appartenant au maître, les esclaves, conduits par un économe blanc ou par le nègre commandeur, travaillent comme des hommes sur lesquels l'heure doit s'écouler sans qu'aucun effort humain puisse en hâter le cours, c'est-à-dire qu'ils font juste ce qu'il faut pour ne pas donner lieu à stimuler, par un châtiment, une nonchalance plus grande que celle qui est habituellement tolérée.

A la Trinidad, à Cayenne, sur quelques habitations de Sainte-Lucie, on a adopté le système de la tâche générale. C'est le moyen qu'entre autres M. Ganteaume, propriétaire de plusieurs habitations à la Trinidad, a employé pour obtenir du travail de six apprentis, et mettre fin aux interminables contestations qui s'élevaient toujours entre eux et ses géreurs.

Le bill anglais dit : les apprentis doivent quarante-cinq heures de travail par semaine ; ils ont traduit : *de présence sur les travaux,* et ont agi en conséquence. M. Ganteaume a proposé des tâches aux siens, et il les a calculées religieusement sur le rendement du nègre alors qu'il était esclave : ils ont accepté, et expédient leurs tâches avec une économie de deux heures sur sept. Ainsi, ce que l'on fait aujourd'hui en sept jours, avec le mode actuel, serait facilement fait, et aussi bien, en cinq; et les nègres auraient la libre jouissance de deux jours qu'ils auraient véritablement conquis.

Deuxième point. — Augmenter mes produits en augmentant le bien-être de mes esclaves.

Dans les premiers temps, les apprentis de M. Ganteaume se retiraient, après la tâche terminée, soit dans leurs cases, soit dans leurs jardins. Afin d'éviter la perte du temps, il leur donna non plus des tâches journalières, mais des tâches de plusieurs jours. Dès ce moment, l'économie ne se compta plus par heures, mais par jours; et, sur sa proposition, ses apprentis consentirent à se louer pendant le temps qu'ils avaient conquis. Ils firent alors pour un prix convenu de nouvelles tâches calculées comme travail d'un jour, et gagnèrent encore sur elles quelques heures qu'ils donnèrent à leurs jardins ou à leurs plaisirs.

Cet intelligent emploi des apprentis eut pour résultat :

Pour le maître, 1° Un travail suffisant et non contesté, qui ne lui imposait plus l'obligation d'être toujours derrière des nègres, puisqu'il suffisait qu'il vérifiât chaque soir le travail de la journée, afin de faire refaire ce qui aurait été mal fait ;

2° Un accroissement de produits obtenus à un prix convenable.

Pour les apprentis, 1° La cessation des disputes avec le maître et des châtiments ou punitions qui en étaient fréquemment la suite ;

2° Une économie de temps qui se convertissait en argent ;

3° Quelques heures de plus à donner à leurs jardins particuliers.

Troisième point. — Intéresser les nègres à ma production par la participation.

Encouragé par ces premiers succès que j'obtiendrais certainement, à l'exemple de M. Ganteaume, je ferais comprendre à mes nègres que, puisque je leur achète leur temps, c'est que j'y trouve un bénéfice. Je les pousserais à désirer d'obtenir un résultat semblable en plantant sur mes terres, même avec l'aide de mes moyens aratoires et de mes engrais, qui leur seraient loués et vendus, des cannes en participation, tel qu'ils le voient faire souvent par de petits voisins. Mais, comme une attente de quatorze mois, avant de jouir de son travail, serait trop longue pour le nègre et le découragerait, j'ouvrirais un compte particulier à chacun de mes colons partiaires, et je lui ferais, sur sa récolte, des avances qui seraient en raison de l'importation de la plantation. Je m'appliquerais, dans l'intérêt de mes nègres, à augmenter le plus possible les moyens d'employer le temps que j'aurais en quelque sorte créé pour eux, afin de leur faire aimer le travail rémunéré, et de les réconcilier avec une culture qui jusqu'ici ne leur a jamais offert un intérêt personnel et direct.

Je mettrais ainsi en pratique ce conseil donné aux colons anglais par lord Grenelg : «Si nous «voulons conserver la production des denrées co- «loniales, il faut que nous fassions comprendre «aux nègres que leur intérêt le plus direct et le «plus immédiat est de travailler à leur culture.»

Je m'attacherais à pousser mes nègres à convertir tout leur pécule en bestiaux, auxquels j'accorderais droit de bourgeoisie sur mes savanes : ce serait plus tard un lien de plus.

On voit que tous mes efforts tendraient à faire de chacun de mes nègres un quasi-propriétaire. Leur moral y gagnerait infiniment. Le vol, par exemple, qui deviendrait si fréquent si la discipline se relâchait, s'effacerait, parce qu'ils comprendraient ce qu'est la propriété, et auraient intérêt à ce qu'elle fût respectée. Ainsi, avant l'époque de leur libération, et celle où le gouvernement leur concédera des droits civils ou politiques, je les aurais fait jouir des droits naturels sans lesquels les autres ne sont que mensonges et déceptions.

Je donnerais un grand soin au camp de mes nègres. Les cases formeraient un hameau dont les rues, larges et bien égouttées, seraient plantées d'arbres fruitiers, que je multiplierais le plus possible sur ma propriété, parce que ce serait un attrait de plus pour les travailleurs, alors que, libres ils pourront choisir leur résidence.

Il existe déjà dans les colonies des endroits particuliers où l'on réunit les enfants pendant que les mères sont au travail. Ces lieux d'asile ont besoin d'être améliorés ; et je ferais en sorte que, pleinement rassurées sur les soins dont leurs enfants seraient l'objet, les mères ne répugnassent plus à l'obligation imposée de les y amener. Ce qu'elles ne font jamais aujourd'hui dans leur temps, je les amènerais à le faire toujours, par la conviction des bons soins dont on les environnerait.

J'aurais devant ma maison un vaste hangar qui serait destiné aux prières du soir, et qui, au besoin, pourrait également servir de salle d'asile. Cet acte religieux serait toujours fait en commun par ma famille et l'atelier. C'est par l'exemple du maître et de sa famille que les sentiments religieux, et par eux la moralisation, pourront arriver jusqu'aux esclaves. L'instruction du prêtre serait insuffisante si, en descendant jusqu'à eux, elle passait, sans la courber, sur la tête des maîtres, dont ils doivent recevoir les leçons de l'exemple.

Je céderais volontiers aux désirs des nègres (désirs que je ferais naître) qui voudraient que, moi ou les miens, nous fussions parrains de leurs enfants, même avec un nègre ou une négresse pour compère ou pour commère. Le lien de la paternité spirituelle est très-fort chez le nègre; et, ne voulant laisser échapper aucun moyen d'influence sur eux, je ne négligerais pas celui-là.

Prétendre éteindre par la religion les appétits lascifs des nègres serait complétement méconnaître leur nature sensuelle. Je ne chercherais pas d'abord à m'opposer à des habitudes invétérées, mais je m'efforcerais de faire comprendre à mes négresses que la promiscuité a pour elles l'immense inconvénient de laisser à leur charge toutes les obligations que le père devrait partager. J'aurais des faveurs pour les ménages légitimement unis, tenant sévèrement la main à ce que la paix domestique ne fût pas troublée par les agents que je pourrais employer. Je finirais par faire apprécier et aimer le mariage.

Une grande habitation, comme toute agrégation d'hommes, a son opinion publique : je tâcherais de lui donner assez de puissance pour que le nègre attachât une grande importance à l'estime de ses compagnons et à celle que je ne manquerais pas de manifester ; de cette manière, je renforcerais la discipline par le respect de l'opinion.

Je stimulerais l'amour du luxe, afin d'exciter au travail qui seul peut permettre d'atteindre à ses douceurs. L'abnégation et l'humilité chrétiennes ne sauraient être comprises par les nègres. Dénudez les églises ; que la croix d'or ne brille pas dans des nuages d'encens, et la foi du nègre sera ébranlée. Il faut parler à ses yeux, l'attirer par l'éclat, l'attacher par des pratiques. C'est ici surtout que seraient efficaces les congrégations qui existent déjà dans nos paroisses. Il faudrait leur donner une grande extension ; elles seraient une véritable source de moralisation religieuse.

Enfin, les châtiments corporels sont, dans l'état

actuel, une affreuse mais indispensable nécessité : je ne comprends leur cessation qu'avec celle de l'esclavage lui-même. Non-seulement, je ne les infligerais que dans des circonstances très-graves, mais jamais pendant l'irritation que fait naître la faute. Le soir, à la prière, je les ferais prononcer par un tribunal de trois vieillards, qui seraient élevés à cette magistrature par l'atelier lui-même. J'arriverais certainement à rendre la punition corporelle d'autant plus redoutable que j'y ferais attacher une idée d'humiliation, de flétrissure, qui n'existe pas aujourd'hui. Celui qui l'aurait encourue serait exclus des réunions dansantes qui auraient lieu à de certaines époques sur l'habitation ; car il entrerait dans mes vues d'attacher mes nègres à ma propriété par l'attrait du plaisir en même temps que par l'intérêt. J'instituerais à cet effet quelques fêtes, telles que celle du saint sous l'invocation duquel je placerais mon habitation, celle de ma femme, la mienne ; et je ne dédaignerais ni d'y prendre une certaine part, ni de contribuer à les rendre plus attrayantes par quelques petites libéralités.

Ici, la terre abonde et les bras manquent. Chaque propriétaire doit sentir combien serait funeste l'abandon de sa propriété par les nègres devenus libres : c'est à les y fixer fortement, c'est à rendre leur union avec moi indissoluble que je m'attacherais. La participation le peut seule ; le salaire serait inefficace. Il sera partout offert ; les sols riches l'offriront plus considérable ; et le nègre, dans son inconstance, sûr de trouver lorsqu'il le voudra le prix de sa journée, n'attachera aucune importance à satisfaire son propriétaire ; il ne se fixera nulle part ; son bien-être, sa moralité, sa sociabilité, en souffriront.

Ou je m'abuse étrangement, ou mes esclaves seraient mûrs pour la liberté au moment où le gouvernement proclamerait leur affranchissement ; car le nouvel ordre de choses ne pourrait être en grande partie que la consécration en droit de ce qui existerait en fait ; et, si mes voisins étaient restés stationnaires, comme ils le seront immanquablement, à moins qu'une haute autorité ne les pousse par l'irrécusable argument d'une démonstration matérielle, je laisse à juger si j'aurais à craindre que mes nègres me quittassent pour aller travailler ailleurs, ou si, au contraire, je ne me trouverais pas dans le cas de choisir parmi les nègres étrangers à ma propriété ceux qu'il pourrait me convenir d'admettre à faire partie de ma bourgade.

(1) Je ne me dissimule pas que les objections abonderont contre le plan que je viens d'indiquer; de moins grandes réformes ont été qualifiées d'impossible. Je sais que ma conduite ressemblerait bien peu à celle de beaucoup de maîtres et surtout de géreurs en renom, grands fabricateurs de sucre sous le régime actuel, mais dont le système et les procédés pourraient dans peu devenir une cause de dislocation des habitations confiées à leurs soins.

Je ne me cache pas non plus que la voie que j'ai indiquée aura ses difficultés, surtout à son début, tant la routine, dont l'empire est si puissant partout, étreint fortement le maître par la crainte des innovations, et le nègre en raison même de son ignorance et surtout de sa défiance. Je sais qu'il faudra autant de vigueur dans de certaines occa-

---

(1) Il est facile de voir quelle influence aurait sur le rachat le travail organisé comme je le propose. Que les nègres de grande culture soient dirigés dans le sens que j'indique; qu'on leur fasse envisager la liberté comme devant être le prix de leur activité et de leur économie, la faculté de se racheter ne sera plus accueillie qu'à une imperceptible minorité. Ce sera alors, mais seulement alors, un véritable moyen d'arriver à la liberté; et ce moyen aura cela de bon que le nègre qui se sera ainsi racheté ne sera pas perdu pour la grande culture.

sions que de douceur patiente et persévérante toujours ; mais, quelle que soit la masse des obstacles, on devra les vaincre sous peine de ruine. Et, d'ailleurs, le contraste est-il donc plus grand entre ce qui est et ce que je propose qu'entre ces deux situations : Esclavage — Liberté ?

L'acte définitif de l'abolition de l'esclavage ne peut être que le couronnement des mesures préparatoires qui l'auront rendu possible. Ces mesures ont-elles été prises ? non, pas encore.

Le gouvernement, auquel l'initiation appartenait, est-il entré dans des voies nouvelles qu'il a dû juger indispensables depuis l'adoption de la proposition de M. Passy ? non.

Au contraire, les habitations domaniales, qui auraient dû être des écoles d'expérimentation, non-seulement ont continué à être administrées comme par le passé, mais en ce moment même, alors qu'il fallait les réserver pour y mettre en pratique les procédés propres à faciliter la transformation du travail, elles viennent, à la Martinique, d'être mises en adjudication pour un long fermage.

M. le ministre a annoncé à la Chambre que son projet *bien arrêté* était d'introduire dans les colonies le travail à la tâche. Ainsi que je crois l'avoir démontré, c'est le premier pas dans l'initiation ;

mais comment M. le ministre fera-t-il pour introduire ce système?

L'intimer par des ordonnances serait un mauvais moyen. Qui garantira au vieux planteur l'efficacité non démontrée du procédé qu'on lui imposerait? «C'est une théorie, dira-t-il, et ma position ne me permet pas de faire des expérimentations.» Il faut donc que l'État donne d'abord des exemples; ce n'est qu'après la conviction par la démonstration que des ordres auront une autorité suffisante. Mais où l'État fera-t-il ses expériences? Il s'est privé des habitations domaniales; et, dans le crédit ouvert par la loi dont M. d'Haussonville a été le rapporteur, je ne vois pas de sommes affectées à l'achat d'habitations destinées à devenir des fermes expérimentales.

Et, cependant, les conseils, les ordonnances, les lois seront insuffisants pour amener les habitants aux voies d'initiation. Il leur faudra l'irrésistible argument du fait accompli : c'est cette preuve qui seule aura la puissance de détruire leur incrédulité. Il faut la leur donner; autrement, on doit s'attendre à voir théoriquement flétrir d'impuissance des procédés dont on n'aura que théoriquement préconisé l'efficacité. Il faut en convenir : malheureusement, dans cette situation, les habitants auraient raison et le gouvernement tort; or, ce serait un résultat déplorable et compromettant.

En résumé, l'abolition de l'esclavage n'est redoutée des colons que parce qu'ils craignent qu'elle ne soit suivie d'une cessation, non de tout travail absolument, mais de ce travail régulier, continu, sans lequel la grande exploitation est impossible, sans lequel il n'y aura que ruine et annihilation de tous les efforts faits pour combattre la destruction.

Pense-t-on avec des assertions théoriques combattre une crainte si justement fondée? Ce serait une déplorable présomption. A l'ouvrage donc, et sur-le-champ! Que le gouvernement établisse aux quatre points cardinaux de chaque colonie des habitations modèles ayant pour point de départ l'organisation actuelle; que du travail à la journée il passe à la tâche et de la tâche à la participation; qu'il réussisse, ce qui ne peut manquer d'arriver, et aussitôt les objections, les répugnances, les résistances, tombent tout naturellement : la propriété se constitue par l'union intime et indissoluble des bras et de la terre. Que la loi vienne alors donner la liberté aux nègres, elle ne changera rien à leur situation matérielle.

Alors, aussi, elle pourra être proclamée, cette liberté si redoutée des uns, si ardemment désirée des autres, sans entraîner après elle la ruine de l'industrie.

Oh! alors, mais alors seulement, hommes des législatures et du pouvoir, vous pourrez vous enorgueillir de votre ouvrage, et remercier Dieu de vous avoir fait venir à point pour attacher vos noms radieux à l'œuvre glorieuse de l'abolition de l'esclavage!

NÈGRES DU DOMAINE.

M. de Lasteyrie, rapporteur de la commission
pour la loi du rachat forcé, a dit à la tribune :
« que la commission, à force de sollicitations, avait
« eu le bonheur d'obtenir du gouvernement la
« promesse d'un prompt affranchissement des
« douze cents noirs que possède le domaine pu-
« blic aux colonies. »

Le ministre a confirmé cette assertion, et a fixé
à cinq années l'époque de l'affranchissement de
ces noirs.

Triste exemple des concessions du pouvoir en-
vers les exigences parlementaires !

Que M. de Lasteyrie se soit applaudi du triomphe
de ses sollicitations, je le conçois : il croit avoir

bien fait. Mais je vais troubler sa joie ; je vais éveiller en lui le remords, car infailliblement il a suscité le crime.

Si la commission avait demandé que toutes les habitations domaniales fussent sur-le-champ converties en plantations expérimentales, et que les systèmes de la tâche et de la participation annoncés par le ministre y fussent immédiatement essayés, rien de mieux : elle aurait poussé le gouvernement dans la meilleure des voies. Mais lui faire affranchir les nègres du domaine avant ceux des particuliers, c'est l'engager à commettre un acte gravement impolitique et déjà condamné par l'expérience anglaise.

On n'a pas aperçu où tendra cette imprudente et nuisible libéralité ; je vais le dire.

Les noirs du domaine étant libérés, ceux des habitations voisines, qui n'ont jamais remarqué de différence entre ces noirs et eux, puisqu'ils sont d'origine pareille et contemporaine, et qu'ils ont subi les mêmes phases, se demanderont : « Pour-« quoi ceux-là sont-ils libres et nous non ? » La ré-ponse sera celle-ci : « Le roi ne veut plus d'escla-« ves ; nos maîtres seuls s'opposent à ce que nous « soyons libres. »

Que M. de Lasteyrie, qui n'a pas vécu aux colonies, ne sache pas ce qui suivra inévitablement, on le comprend : son ignorance sur ce sujet est son excuse.

Je ne saurais être suspect ; je donne par cette publication même la mesure de mes opinions ; je ne concède à personne le droit de se dire plus partisan que moi de l'abolition de l'esclavage ; eh bien ! je le déclare, le poison, cette arme de l'esclave, ce correctif affreux de l'ancienne omnipotence des colons, frappera à coups redoublés sur les maîtres, seuls obstacles désormais, aux yeux des nègres, à leur affranchissement.

Je le jure ici sur l'honneur : si l'une des riches sucreries de Sainte-Marie (1) m'était offerte à la clause d'y faire résider ma femme et mes enfants après la libération des nègres de Saint-Jacques, je la refuserais, convaincu que le poison me ferait certainement expier la continuation de ma possession.

Il arrivera infailliblement que les propriétaires, déjà si rares sur les habitations, fuiront un péril imminent, et laisseront à leurs esclaves les trou-

---

(1) Sainte-Marie est un des quartiers de la Martinique ; la belle habitation Saint-Jacques, qui compte près de quatre cents nègres, est située dans ce quartier.

peaux, les usines, les récoltes pour assouvir leur vengeance.

Oui, l'affranchissement préliminaire des esclaves du domaine est déplorable sous tous les rapports : il l'est sous le rapport industriel, puisqu'il prive d'un excellent moyen d'essai et d'initiation ; sous le rapport moral il l'est encore davantage, parce qu'il provoquera de la part des autres noirs les crimes occultes par lesquels les esclaves manifestent leur mécontentement et leur résistance.

MISSIONS

DANS

LES COLONIES ANGLAISES

POUR Y ÉTUDIER LES EFFETS

DE L'APPRENTISSAGE ET DE L'ÉMANCIPATION.

J'ai lu avec attention la publication qu'a faite le ministère de la marine des rapports des diverses personnes qui ont été envoyées dans les colonies anglaises pour y étudier les effets de l'apprentissage et de l'émancipation.

Je n'entends nullement nier le mérite de ces rapports, mais je suis resté frappé d'étonnement en y trouvant une lacune inconcevable. Cette lacune consiste dans l'oubli qu'on a fait d'énoncer les procédés par lesquels quelques rares propriétaires anglais ont non-seulement échappé à la ruine générale, mais encore ont donné à leur exploitation une extension à laquelle jamais, sous l'esclavage, elle n'avait atteint.

Outre les rapports français, j'en ai lu plusieurs qui ont été rédigés par des Anglais (entre autres celui de John Innès à lord Glenelg, alors ministre des colonies); et, dans ces rapports, la lacune qui m'étonne paraît plus inconcevable encore, car elle est indiquée.

Les colonies anglaises, nul ne le nie, ont éprouvé, dans la transition de l'esclavage à la liberté, une perturbation si profonde qu'un grand nombre d'anciennes fortunes y ont complétement péri. Tous les rapports s'accordent à constater le désordre et à signaler les pertes. Cependant, ainsi que l'établit sir John Innès, dans quelques colonies se rencontraient de rares habitations où, sous le régime si désastreux déjà de l'apprentissage, tout allait bien, et où la production, loin d'avoir diminué, prenait un plus énergique essor.

Ce fait si remarquable au milieu du naufrage

genéral aurait dû, ce me semble, arrêter l'observateur, et devenir pour lui l'occasion d'une étude du plus haut intérêt.

Par quels procédés les habiles maîtres de ces heureuses propriétés échappaient-ils au sort de leurs voisins? Évidemment, il y avait là manifestation d'une haute intelligence et d'une grande habileté pratique.

Comment se fait-il donc que cette étude ait été négligée, et que sir John Innès, qui signale si scrupuleusement tous les inconvénients de l'apprentissage, qui pronostique d'une manière si sûre les tristes conséquences qui en résulteront. n'ait pas mis en relief les causes de la situation prospère des habitations exceptionnelles qu'il nomme, et n'ait pas appelé à grands cris les colons anglais à une initiative qui les aurait sauvés ?

Il en est temps encore : on peut, et plus maintenant que naguère, faire fructueusement une étude des procédés de transition qui ont été heureusement employés à Sainte-Lucie, à la Dominique, à Saint-Vincent, à Tabago, à Saint-Christophe et à la Trinité. Ces colonies, qui la plupart ont été françaises, ont toutes plus ou moins notre langue, nos mœurs, notre religion; les nègres y

ont avec les nôtres des ressemblances qu'on re-
trouve à peine chez les nègres anglais.

C'est une belle mission à remplir, et je n'en
aurais laissé la gloire à aucun autre si je n'étais
attaché si court par mes fonctions et par ma situation de fortune.

ÉTABLISSEMENTS AGRICOLES

PAR VOIE DE TRAVAIL LIBRE ET SALARIÉ,

DEVANT SERVIR D'ATELIERS DE TRAVAIL

POUR LES LIBRES SANS ENGAGEMENTS,

ET

D'ATELIERS DE DISCIPLINE.

Crédit de 360,000 francs ouvert par la loi du 19 juillet 1845.

S'il y a quelque chose de vague, de théorique, d'inefficace, d'inutile au moins, ce sont certainement les établissements qui seraient créés dans le cas où la loi recevrait son exécution.

Il paraît à peu près certain que la Chambre ne sait pas qu'il n'y a rien à créer aux colonies françaises ; qu'il suffit seulement d'y empêcher la désorganisation, et que tout ce qui sort de cet ordre d'idées est inutile ou dangereux.

On ne saurait contester, sans être démenti par les statistiques de la douane, que les colonies de la Martinique et de la Guadeloupe ne soient deux lieux de riche production et de grande consommation, ce qui implique forcément une importante population de travailleurs. Cependant, tous nos penseurs s'évertuent à imaginer, les uns l'introduction d'Indiens à titre d'engagistes, les autres celle de travailleurs européens. Mais les travailleurs actuels, cette masse esclave, mais agricole, et qui fait annuellement

70,000 barriques de sucre,
1,200,000 livres de café,

que deviendra-t-elle donc ? est-ce qu'elle n'existera plus ? Je m'étais figuré que nos hommes d'État et nos Chambres allaient s'occuper d'elle ; que c'était elle qu'il s'agissait de préparer à la liberté par des mesures éprouvées avant leur application ; que c'était pour elle en masse qu'on allait travailler dans un but d'intérêt universel et non en vue de quelques exceptions.

Quoi! l'esclavage a rendu le sol infâme, nul autre que l'esclave ne l'arrose de ses sueurs, et la Chambre s'est flattée que, l'esclavage subsistant, elle pourra attirer des travailleurs libres à ses établissements! Et, pour rendre ces établissements plus attrayants, elle y concentrera tous les vagabonds, les échappés des peines correctionnelles, ceux enfin qui auront été condamnés aux ateliers de discipline! Singulière et fatale idée! Certes, si tel doit être le spécimen de l'initiation que le gouvernement doit opérer, il faut se hâter de lui dire qu'il s'est laissé imposer par la Chambre un travail stérile; que ce n'est pas par ce moyen qu'il trouvera des imitateurs; que, bien plus, il ne fera qu'augmenter les résistances ou le découragement, et qu'enfin on lui conseille précisément le contraire de ce qu'il importe d'obtenir.

La loi veut que des travailleurs européens soient employés ici pour donner l'exemple du travail libre. Elle consacre pour cet objet la somme de 120,000 fr.

Si par travailleur on a entendu cultivateur, la mesure sera tout simplement impossible.

En effet, au prix où sont les sucres en France, nul ne pourra en produire aux colonies (où les terres ne rendent rien sans engrais); si la main-d'œuvre n'est à très-bas prix. Ce bas prix ne peut être accepté comme suffisant que par le nègre qui, cultivant son jardin particulier pendant le samedi et quelques heures de la semaine, y trouve le logement, la nourriture et la satisfaction des autres besoins. Pour lui, le salaire, quelque modique qu'il sera, suffira pour satisfaire ses goûts d'aisance ou de luxe ; mais, pour l'ouvrier européen, c'est une tout autre chose. Le jardin particulier ne sera pas possible, parce qu'il ne se nourrira pas de farine et de manioc, de pois d'Angole et de Gombos ; de l'eau et du tafia auraient bientôt altéré sa santé ; il lui faudra, de plus, un autre couchage, des vêtements d'une autre espèce, une nourriture et une boisson différentes et d'un tout autre prix. Comment pourra-t-on élever son salaire à un taux qui couvre ses dépenses ?

Oh ! ne tendez pas un piége à des malheureux qui laisseraient peut-être derrière eux une famille pour venir, sur la foi de vos promesses, chercher dans vos établissements une condition meilleure, évidemment impossible à réaliser. La désillusion amènerait le chagrin, puis la mort, qui ne tarde jamais à frapper ici l'Européen déçu dans ses espérances.

C'est donc une fausse et conséquemment une mauvaise idée que celle des établissements par le travail libre.

Voilà pourquoi je persiste à soutenir que les seules habitations qu'il faut employer aux yeux de tout le monde sont des habitations à esclaves; que ce sont les nègres des ateliers de ces habitations qu'il faut rendre propres à la liberté, et que tous autres procédés sont impossibles par cela seul qu'ils ne pourront être imités.

USINES CENTRALES

POUR

LA FABRICATION DU SUCRE.

Les usines établies sur plusieurs points de la colonie sont loin d'avoir donné tout ce qu'on en espérait. Sous le rapport de la qualité, la faute en est à l'inexpérience des fabricateurs; sous celui de la quantité, la faute en est à l'imperfection des machines. Ces deux causes venant à disparaître, les usines, d'une installation si coûteuse, répondront alors aux espérances de leurs fondateurs.

De ce qu'un succès complet n'a pas couronné à son début la fabrication dans les nouvelles usines, il ne faut pas en conclure que ces usines ne constituent point un fait très-important par les conséquences futures de la fabrication.

Le système de MM. Derosne et Caille serait hors de proportion avec les ressources individuelles; heureusement on n'en est pas à le regarder comme le dernier mot de la science. On doit espérer que des appareils moins dispendieux produiront des résultats sinon pareils, du moins satisfaisants en ce qu'ils réuniront à une belle qualité un rendement rapproché de la totalité des richesses contenues dans la canne. Ce sont donc de tels appareils qu'il importera d'employer partout; car, supposons l'émancipation prononcée, quelque organisation qu'un habitant soit parvenu à donner à sa propriété, quelque belle que soit la part qu'il offre à ses anciens esclaves dans la production, ses procédés de fabrication devront tendre constamment à ce qu'une partie du travail ne se perde pas par une inhabile manutention. Plus la fabrication sera perfectionnée, plus le rendement sera considérable, et plus la participation offrira d'attraits aux travailleurs.

Or, si les usines particulières ne sont pas amenées à ce point, si les grandes peuvent offrir des conditions beaucoup plus avantageuses, il arrivera forcément que les nègres se grouperont

autour de ces dernières, loueront les terres ad-
jacentes, et abandonneront les autres localités.

Tous les planteurs doivent donc s'attendre à
rencontrer de nouvelles difficultés dans la situation qui se prépare. Non-seulement, ils auront à
déterminer, par la rémunération sous une forme
quelconque, leurs anciens esclaves à continuer
la grande culture, mais ils devront encore, pour
les maintenir sur leurs propriétés, leur assurer
des conditions telles qu'ils ne puissent être attirés
ailleurs par l'espoir d'une situation meilleure.

Comme on le voit, la question pour le colon
se complique : il lui faut constituer la *sociabilité*,
conserver *l'agriculture,* changer en partie *l'industrie.* Qu'une seule de ces conditions vienne à
manquer, la propriété est détruite. Est-ce donc
une petite affaire ? L'intelligence isolée courrait
le risque de s'égarer dans des tâtonnements; le
gouvernement seul peut entrer dans la voie, tra-
cer un sillon lumineux, et entraîner sur la route
qu'il aura jalonnée les colons, qui seront trop heureux alors de trouver une voie facile là où jusqu'à
ce moment ils redoutent de ne trouver qu'un abîme.

C'est cette triple condition de l'existence future
que cet article a eu pour but de signaler.

BANQUE COLONIALE.

Les journaux de France, d'avril dernier, ont annoncé la formation d'une société dont le but est de créer aux colonies françaises une banque, qui y fera tomber l'intérêt énorme des capitaux, et qui ainsi donnera un nouvel essor au commerce et à l'industrie.

Je plains les actionnaires d'un semblable établissement.

Il peut à coup sûr être établi une banque commerciale aux Antilles françaises, bien que le Code de commerce n'y soit pas complétement en vigueur, et que les opérations commerciales qui s'y font exclusivement avec la métropole, et ne constituent en réalité qu'un commerce d'échange, ne puissent fournir de l'emploi à un capital de quelque importance ; mais l'établissement d'une banque coloniale est absolument impossible.

Dans les îles anglaises, une semblable banque existe, parce que l'expropriation forcée y est exercée de telle façon que la signature de l'habitant est garantie par sa propriété, contre laquelle on agit avec autant de facilité que contre la boutique d'un marchand. Mais ici, avec notre organisation, avec l'assiette de la propriété, un habitant ne pourrait faire admettre son obligation endossée par dix habitants comme lui, fussent-ils tous liquides, par la raison toute simple qu'ils ne paieraient qu'à leur convenance, et que cela ne peut être admis par une banque.

Il faut bien faire remarquer que, même avec l'expropriation forcée du titre 12 du Code de procédure, on ne rendrait pas à la propriété un crédit suffisant. La loi, avec ses impossibilités d'exécution, serait une lettre morte, considérée dans ses rapports avec le crédit.

Les législateurs qui vont l'année prochaine discuter la loi sur l'expropriation forcée voudront-ils la considérer dans son double rapport avec le crédit et avec la situation que créera sous peu l'émancipation des esclaves ?

J'énoncerai un fait existant dans les îles anglaises; on jugera s'il convient de le rendre possible ici.

A la Trinité, un habitant, dans le courant de l'année, a besoin d'argent pour le salaire des travailleurs : il porte en banque son obligation, payable à la récolte, endossée d'habitants comme lui-même; et jamais elle n'est refusée.

N'est-ce pas économique, industriel, politique?

Fera-t-on quelque chose qui puisse créer à nos habitants une situation pareille ?

A vous de décider, messieurs du pouvoir et des législatures.

OBSERVATIONS

SUR L'UNE DES DISPOSITIONS

DU PROJET DE LOI SUR L'EXPROPRIATION FORCÉE,

EN CE MOMENT SOUMIS

A LA CHAMBRE DES DÉPUTÉS.

———

Aux termes de ce projet de loi, «Les esclaves d'une habitation rurale grevée d'hypothèque ne pourront être détachés de l'habitation, ni vendus séparément du fonds.»

Cette disposition, qui, dans la discussion à la Chambre des pairs, n'a soulevé aucune objection, en suscitera à la Chambre des députés, car elle semble être rétroactive, et changer la situation des possesseurs actuels vis-à-vis de leurs bailleurs ou de leurs créanciers hypothécaires. Elle semble indiquer qu'ils avaient le droit de distraire les esclaves de l'habitation, puisque la loi nouvelle le leur défend.

Or, la rétroactivité n'existe pas; je vais le démontrer.

Il n'y a dans la loi qu'un vice de rédaction, qui peut, je crois, être couvert par une énonciation du gouvernement, ainsi que cela a eu lieu, lors de la loi sur le notariat, dans la séance du 7 juin 1843, alors que M. le garde des sceaux est venu déclarer que le gouvernement ne regardait la prescription relative au second notaire que comme interprétation de l'ancienne loi, et non comme disposition nouvelle.

Cette défense formelle de séparer les esclaves du fonds d'une habitation grevée était devenue une impérieuse nécessité pour remédier aux vices introduits par la législation absurde de la Martinique.

J'ai cité, page 7, en traitant de l'assiette de la propriété foncière, les jugements et arrêts qui ont nécessité l'énonciation de la loi nouvelle. Les tribunaux, ne considérant les esclaves que sous le point de vue des immeubles par destination du Code civil, ont complétement dénaturé la constitution de la propriété coloniale.

Voici cette constitution; et l'on verra que jamais dans aucune autre question la législation n'a plus radicalement changé la loi.

L'ordonnance locale du 7 novembre 1805, qui promulgue à la Martinique le Code civil (Code de la Martinique, vol. v, fol. 77), *maintient toutes les lois qui constituent le régime colonial et touchent à la condition des esclaves.*

Ainsi, déjà, est écartée l'appréciation des esclaves sous le point de vue où sont considérés, par le Code civil, les immeubles par destination.

Examinons maintenant si l'ancienne loi les avait envisagés autrement que le Code civil.

Le Code noir, ordonnance de 1685 (Code de la Martinique, vol. i, fol. 51), dit, art. 44, que les esclaves sont meubles; mais les articles 46, 47, 48, 49, 51, 53 établissent clairement la volonté du législateur, à savoir que les habitations une fois créées ne puissent pas être détruites par la dislocation. En effet, ils refusent aux créanciers toute action isolée contre une partie quelconque de la propriété, et notamment contre les esclaves. Ces créanciers peuvent s'emparer de tout, mais non de la partie.

Or, si M. Merlin, *Répert.*, vº Loi, § 10, nº 2, a donné une définition vraie de l'entente de la loi, il résulte clairement que le législateur, qui n'a pas voulu que la ruine d'une propriété pût être opérée par la saisie partielle qu'aurait faite le créancier, ne peut avoir toléré qu'elle s'effectuât par la vente séparée que ferait le propriétaire grevé. Ce serait une contradiction manifeste que rien ne doit faire supposer, et que les actes subséquents de l'autorité législative repoussent évidemment.

Le Code civil ne considère les immeubles par destination que comme des accessoires. Ce n'est pas ainsi que les anciennes lois ont considéré les esclaves ruraux, puisque l'ordonnance sur les déguerpissements du 24 août 1726 (vol. I, p. 274), parlant des esclaves des propriétés rurales, prescrit des mesures de conservation à l'égard des nègres *qui sont le principal objet desdites habitations, et sans lesquels les manufactures ne peuvent se soutenir.*

Une interprétation formelle fut donnée le 21 mai 1784 (vol. III, p. 88) par le ministre de la marine, maréchal de Castries, au nom du Roi.

Par suite du traité de paix, et conformément à son article 7, les sujets anglais qui s'étaient établis à Sainte-Lucie et à Tabago, colonies rendues à la France, pouvaient, en se retirant, emporter leurs effets.

Ils prétendirent mobiliser les nègres de leurs propriétés et les emmener avec eux ; l'administrateur français s'y opposa. Sur la réclamation du gouverneur anglais de l'île de Saint-Vincent, le cabinet de Saint-James s'adressa à celui de Versailles. Le gouvernement français approuva le refus de l'administrateur français, parce que, « d'après nos lois, les esclaves ne peuvent être séparés de la terre qu'ils habitent. »

Enfin, lorsque, le 7 novembre 1805 (vol. v, p. 80 et 96), le gouvernement établit à la Martinique le régime hypothécaire, il énonça dans ses motifs *que cette institution a pour but d'assurer la confiance, d'éteindre l'usure, de relever le crédit sur les bases de la morale et de la justice, de donner enfin pour garantie une sûreté immobilière.*

Or, tout cela serait autant de mensonges, autant de leurres frauduleux, autant de déceptions, si, après avoir hypothéqué une habitation sucrerie, un propriétaire pouvait distraire les esclaves, qui seuls donnent une valeur à un sol, sans eux inerte et improductif. (Voir l'exemple que j'ai cité p. 6, 7 et 8.)

Pour la Guadeloupe, la loi nouvelle n'a point le

caractère de rétroactivité, car divers arrêts y ont prescrit la rentrée, sur des propriétés grevées, d'esclaves qui en avaient été distraits. Outre cette législation, il existe une ordonnance des gouverneur et intendant du 25 décembre 1816, qui dispose art. 3 :

« Nous déclarons, comme une conséquence de la disposition du Code noir qui rend insaisissables les esclaves attachés à des manufactures, que lesdits esclaves sont sujets aux mêmes suites que les biens hypothéqués dont ils dépendent. »

Ainsi, pour les deux colonies françaises des Antilles, séparées par un petit espace, cette question si importante, et qui touche si essentiellement à la constitution de la propriété immobilière, est résolue d'une manière radicalement contraire.

La loi nouvelle a donc sagement fait de trancher la difficulté. Seulement, et c'est le but de ces observations, elle aurait dû le faire sous forme d'interprétation et non sous celle de jussion.

FIN.